Las recetas ~~fáciles~~ de cócteles

Más de 50 cócteles rápidos y fáciles

Alejandría Thompson

Reservados todos los derechos.

Descargo de responsabilidad

RECETAS DE COCTELES

JULEP DE MELOCOTÓN PERFECTO

B AY BREEZE

BRISA MARINA

CAPE COD

MARIA SANGRIENTA

COCTEL AZALEA

RAMOS GIN FIZZ

CLAMDIGGER

LLUVIA DE VERANO

AMANECER MIMOSA

BRUNCH RUSO

ENFRIADOR COUNTRY CLUB

ENFRIADOR DE FRUTAS DE LA PASIÓN

PONCHE BRUNCH

FIZZ DE ALBARICOQUE

FRAISE FIZZ

GRAND ROYALE FIZZ

SPRITZ DE CREMA DE ALBARICOQUE

AMARGO HELADO

ENFRIADOR DE MANGO

OJEN FRAPPE

COCTEL OJEN

ABSINTHE FRAPPE

ELEVADOR MAÑANA DEL EMBAJADOR

COCTEL DE LLAMADA MAÑANA

PERNOD CLASSIQUE

MARÍA DANÉS HELADA

MEZCLA DE BLOODY MARY

MADRAS

DESAYUNO EGGNOG

BUENOS DÍAS FIZZ

ROSE EN JUNIO FIZZ

FLIP DE JEREZ

PÁJARO DEL PARAÍSO FIZZ

MIMOSA FRESA ESPUMOSA

DESAYUNO MARTINI

AZUL CHAMPÁN

CHAMPÁN DU MARCO

CHAMPÁN FLIP

SANGRIA ESPECIALE

PONCHE DE UVA BLANCA, MANDARINA Y VINO ESPUMOSO

CHAMPAGNE SORBETE PUNCH

PUNZÓN CHAMPÁN

PONCHE DE BACCIO

ORO CALIENTE

ENFRIADOR DE CAFÉ

HIGHBALL DE BULLDOG

JENGIBRE FIZZ

MAÑANA FIZZ

ENFRIADOR ROBERT E. LEE

OASIS NARANJA

SPARKLE DE FRESA

Fresa-CRANBERRY FROST

AMORÍO

JULEP DE MENTA CONGELADA

LAKE BREEZE

FANCY FIX

COPA DE PIMM

MANGO BATIDA

JULEP DE MELOCOTÓN PERFECTO

- 1 durazno mediano fresco frío

- 2 onzas de bourbon

- Hielo picado
- ramitas de menta

Pelar, deshuesar y cortar en rodajas el melocotón.

Tritura el durazno en una licuadora.

Agrega el azúcar y procesa.

Agrega el bourbon.

Vierta sobre hielo picado en una taza plateada de julepe.

B AY BREEZE

Un buen cumplido para las mañanas perezosas en los Outer Banks.

- 1 onza de vodka

- Chorrito de jugo de piña

- Chorrito de jugo de arándano

Vierta el vodka en un vaso alto con hielo.

Salpica con jugos.

BRISA MARINA

Bebe mientras miras la America's Cup. Desea un velero propio.

- 1 1/2 onzas de ginebra

- 3/4 onza de brandy con sabor a albaricoque 1/4 onza de granadina 1 onza de jugo de limón

- Club soda

- ramitas de menta

Prepare ginebra, brandy, granadina y jugo de limón en un vaso alto.

Agrega hielo.

Llenar con agua mineral con gas.

Agrega ramitas de menta.

CAPE COD

Evoca recuerdos matutinos de Martha's Vineyard.

Incluso si nunca lo has visitado.

- 1 1/2 onzas de vodka

- 1/2 onza de jugo de lima

- 1 onza de jugo de arándano

- 1/2 cucharadita de azucar

Llene la coctelera con hielo.

Agregue vodka, jugos y azúcar.

Agitar.

Colar en copa de cóctel.

MARIA SANGRIENTA

¡Ay Caramba! ¡Tequila por la mañana!

- 1 1/2 onzas de tequila

- 2 pizcas de salsa Worcestershire

- Espolvorear de sal

- Espolvorear de pimienta

- Espolvorear sal de apio

- Jugo de tomate

Prepare el tequila y la salsa Worcestershire en un vaso doble antiguo.

Espolvoree sal, pimienta y sal de apio.

Rellenar con jugo de tomate y hielo.

COCTEL AZALEA

Beba mientras se balancea en la terraza de una plantación en medio de una colorida explosión de flores.

- 3/4 onza de jugo de lima

- 3/4 onza de jugo de piña

- 2 1/4 onzas de ginebra

- 4 guiones de granadina

Llene la coctelera con hielo.

Agregue jugos, ginebra y granadina.

Agitar.

Colar en una copa de cóctel.

(Esta bebida se puede hacer más espumosa agregando 1 1/2 onzas de crema batida espesa. Si agrega crema batida espesa, use una copa como cristalería).

RAMOS GIN FIZZ

Dato curioso: cada vez que el legendario gobernador de Luisiana, Huey P. Long, viajaba a la ciudad de Nueva York, se llevaba a su propio barman de Nueva Orleans para poder preparar esta bebida de forma correcta.

- 1 1/2 onzas de ginebra

- 2 cucharadas de crema

- 1/2 onza de jugo de limón

- 1 clara de huevo

- 1 cucharada de azúcar en polvo

- 3 a 4 gotas de agua de flor de naranja 1/2 onza de jugo de lima 1/4 onza de agua mineral con gas

Llene la coctelera con hielo.

Agregue ginebra, crema, jugo de limón, clara de huevo, azúcar en polvo, agua de flor de naranja y jugo de lima.

Agitar.

Colar en una copa.

Cubra con agua carbonatada fría.

CLAMDIGGER

¡Ponte los pantalones cortos y agarra la pala y el cubo!

- 1 1/2 onzas de vodka
- 3 onzas de jugo de almejas
- 3 onzas de jugo de tomate
- Una pizca de salsa Tabasco
- Una pizca de salsa Worcestershire
- Sal y pimienta para probar

Llena un vaso alto con hielo.

Vierta todos los ingredientes.

Revolver.

Adorne con una rodaja de lima.

LLUVIA DE VERANO

Tan refrescante como un aguacero sorpresa en agosto.

- 3 onzas de licor de arándanos

- jugo de manzana

- Rodaja de limón ♥

Vierta el licor de arándano en un vaso alto medio lleno de hielo.

Cubra con jugo de manzana.

Agrega un chorrito de lima.

Revolver.

Adorne con una rodaja de lima.

AMANECER MIMOSA

Una recompensa por levantarse antes que los demás invitados.

- 1 cucharada de néctar de albaricoque

- 1 cucharada de jugo de naranja

- 2 onzas de champán

Vierta néctar de albaricoque y jugo de naranja en una copa de champán.

Agregue lentamente el champán.

Adorne con una rodaja de naranja o dos frambuesas.

BRUNCH RUSO

Prueba este con una guarnición de borscht. O no.

- 8 onzas de vodka

- 12 onzas de jugo de naranja

- 8 onzas de champán

Vierta el vodka y el jugo de naranja en una licuadora con hielo.

Vierta en una jarra grande.

Agrega champán.

Revolver.

Vierta en copas.

(Para 4 personas)

ENFRIADOR COUNTRY CLUB

No se requieren cuotas de membresía. ¡Beberse todo! Es una pestaña abierta.

- 1/2 cucharadita de granadina

- 2 onzas de agua mineral con gas

- 2 onzas de vermú seco

- Refresco de gengibre

Vierta granadina y agua mineral con gas en un vaso alto.

Revolver.

Llena el vaso con hielo picado.

Agrega el vermut seco.

Rellena con ginger ale.

Adorne con espirales de cáscara de limón y naranja.

ENFRIADOR DE FRUTAS DE LA PASIÓN

Todo el mundo necesita un poco de pasión. Enfriador de maracuyá, eso es.

- 1 onza de jugo de naranja

- 1/2 onza de jugo de limón

- 1/2 onza de ginebra

- 1 1/2 onzas de ron ligero

- 3 onzas de néctar de maracuyá

Llene la coctelera con hielo.

Agregue jugos, ginebra, ron y néctar de maracuyá.

Agitar.

Colar en un vaso alto con hielo.

PONCHE BRUNCH

Si Mike y Carol sirvieran esto, se llamaría Brady Bunch Brunch Punch.

- 3 cuartos de jugo de tomate frío

- 1 litro de ron claro u oscuro

- 2 1/2 cucharaditas de salsa Worcestershire

- 5 onzas de jugo de limón o lima
- Sal y pimienta para probar

Combine todos los ingredientes en una jarra grande.

Revolver.

Vierta en una ponchera con un bloque de hielo.

Adorne con limones y limas en rodajas finas. (Para 40 porciones)

FIZZ DE ALBARICOQUE

Un impulso azucarado para ahuyentar la somnolencia persistente.

- 1 onza de jugo de limón

- 3/4 onza de jugo de lima

- 1 cucharadita de azucar

- 1 1/2 onzas de brandy con sabor a albaricoque
- Club soda

Prepare los ingredientes en un vaso alto.

Rellenar con hielo.

Cubra con agua mineral con gas.

FRAISE FIZZ

Empiece bien la mañana con una combinación de confitería de fresas, bayas y limón.

- 1 1/2 onzas de ginebra

- 1 onza de licor fraise

- 1/2 onza de jugo de limón fresco
- 1 cucharadita de gaseosa de club de azúcar

Llene la coctelera con hielo.

Agregue ginebra, licor fraise, jugo de limón y azúcar.

Agitar.

Colar en un vaso alto.

Rellenar con hielo.

Cubra con soda.

Adorne con una rodaja de limón y una fresa.

GRAND ROYALE FIZZ

Adecuado para un rey francés ... o para aquellos que todavía están en pijama.

- 1/2 onza de jugo de naranja

- 1 onza de jugo de lima

- 1 cucharadita de azucar

- 2 onzas de ginebra

- 1/4 onza de licor marrasquino
- 1/2 onza de refresco de club en crema

Llene la coctelera con hielo.

Agregue jugo de naranja, jugo de lima, azúcar, ginebra, licor de marrasquino y crema.

Agitar.

Colar en un vaso alto.

Rellene con hielo y agua mineral con gas.

SPRITZ DE CREMA DE ALBARICOQUE

Un gran cambio de ritmo para la multitud aventurera del brunch.

- 6 onzas de leche

- 4 onzas de néctar de albaricoque

- 2 cucharadas de brandy con sabor a albaricoque Vino espumoso

Llene la coctelera fría con leche, nec-tar de albaricoque y brandy con sabor a albaricoque.

Revuelva hasta que quede suave.

Vierta en 6 copas de vino tinto.

Agregue cantidades iguales de vino en cada copa. (Para 6)

AMARGO HELADO

Agradablemente frío y vigorizante, pero calienta rápidamente a sus invitados.

- Lata de 12 onzas de concentrado de limonada congelada

- 1 cucharada de jugo de naranja concentrado congelado

- 6 onzas de bourbon

- 12 onzas de hielo picado

Ponga limonada y concentrado de jugo de naranja, bourbon y hielo en una licuadora.

Licue hasta que esté licuado.

Colar en vasos agrios.

Adorne con rodajas de naranja y cerezas. (Para 8 porciones)

ENFRIADOR DE MANGO

Paso 1. Levántate. Paso 2. Consígalos para el brunch. Paso 3. Compite entre sí de regreso al dormitorio. Una delicia afrodisíaca.

- 1 1/2 onzas de vodka

- 1 1/2 onzas de jugo de naranja

- 1/2 onza de jugo de limón

- 1/2 onza de Cointreau

- 3 onzas de néctar de mango

Prepare los ingredientes en un vaso alto.

Llena el vaso con hielo.

Adorne con una rodaja de mango.

OJEN FRAPPE

Apóyate en Ojén, un licor dulce con sabor a anís, para empezar la mañana.

- 1 onza de Ojén

- 1/3 onza de jarabe de azúcar

Llene la coctelera con hielo.

Agrega Ojén y almíbar de azúcar.

Agitar.

Vierta en un vaso alto.

COCTEL OJEN

Una opción popular para los juerguistas del carnaval de Nueva Orleans que necesitan un estímulo para seguir atrapando las cuentas.

- 2 1/2 onzas de Ojén

- 2 pizcas de amargo de Peychaud

Llene la coctelera con hielo.

Agregue Ojén y amargos.

Revolver.

Colar en copa de cóctel.

ABSINTHE FRAPPE

Algunos dicen que la absenta es la herramienta del diablo. Señor, no dejes que sea así.

- 1/3 onza de jarabe de azúcar

- 1 1/2 onzas de Pernod

Vierta el jarabe de azúcar y Pernod en un vaso alto frío con hielo picado.

Revuelva vigorosamente hasta que aparezca escarcha en los lados del vidrio.

ELEVADOR MAÑANA DEL EMBAJADOR

Incluso más eficaz que el ascensor de la embajada.

- 32 onzas de ponche de huevo lácteo preparado

- 6 onzas de coñac

- 3 onzas de ron jamaicano

- 3 onzas de crema de cacao

Vierta todos los ingredientes en una ponchera.

Revolver.

Espolvoree cada porción con nuez moscada. (Para 10 a 12 porciones)

COCTEL DE LLAMADA MAÑANA

Beba suavemente mientras revive, u olvida, las payasadas de la noche anterior.

- 1 onza de pastis

- 3/4 onza de jugo de limón fresco
- 3/4 onza de licor marrasquino

Llene la coctelera con hielo.

Agregue pastis, jugo de limón y licor de marrasquino.

Agitar.

Colar en una copa de cóctel.

PERNOD CLASSIQUE

El desayuno de absenta de campeones.

- 1 onza de Pernod

- 5 onzas de agua

- 2 cubitos de hielo

Vierta el Pernod en un vaso alto.

Agrega el agua y los cubitos de hielo.

Revolver.

MARÍA DANÉS HELADA

Una alternativa al clásico Bloody Mary. Los invitados seguramente querrán conocer el ingrediente secreto.

- 1 1/2 onzas de aquavit

- Mezcla de Bloody Mary (comprada en la tienda o recién mezclada; ver más abajo).

Vierta aquavit en un vaso doble antiguo con hielo.

Agrega la mezcla de Bloody Mary.

MEZCLA DE BLOODY MARY

Puedes comprar algo similar en lata, pero ¿por qué no ser una diva doméstica y hacerlo desde cero?

- 2 latas de 46 onzas de jugo de tomate o jugo V-8

- 1 cucharadita de pimienta negra fresca molida gruesa

- 1 cucharadita de sal de apio

- 4 onzas de jugo de limón

- 1 botella de 5 onzas de salsa Worcestershire Salsa Tabasco al gusto (para calentar) Sal al gusto

Mezcle bien todos los ingredientes en una jarra.

Refrigerar.

MADRAS

El potable preppy por excelencia. Biff y Muffy no pueden tener suficiente de estos.

- 1 1/2 onzas de vodka

- 4 onzas de jugo de arándano

- 1 onza de jugo de naranja

Vierta el vodka y los jugos en un vaso alto con hielo.

Adorne con una rodaja de lima.

DESAYUNO EGGNOG

La mayoría de la gente no bebe ponche de huevo más que en Navidad.

Pero deberían hacerlo. Una revelación para cualquier día de invierno.

- huevo

- onzas de brandy

- 1/2 onza de curacao de naranja

- 3 onzas de leche

Llene la coctelera con hielo.

Agrega el huevo, el brandy, el curacao y la leche.

Agitar.

Colar en un vaso o copa.

Espolvoree con nuez moscada.

BUENOS DÍAS FIZZ

Te prepara para enfrentarte incluso a la más molesta y alegre de Susie Sunshine.

- 1 onza de jugo de limón

- 1 cucharadita de azucar

- 2 onzas de ginebra

- 1/2 onza de anís

- 1 clara de huevo

Llene la coctelera con hielo.

Agregue jugo de limón, azúcar, ginebra, anís y clara de huevo.

Agitar.

Colar en un vaso alto.

Rellenar con hielo y soda.

ROSE EN JUNIO FIZZ

La novia puede elegir un colorido ramo de flores recién cortadas. Pero lo que realmente quiere es uno de estos.

- 1 1/2 onzas de ginebra

- 1 onza de licor de frambuesa

- 1 1/2 onzas de jugo de naranja

- 1 onza de jugo de lima fresco

Llene la coctelera con hielo.

Agregue ginebra, licor de frambuesa y jugos.

Agitar.

Colar en un vaso alto.

Rellenar con hielo y soda.

FLIP DE JEREZ

Una bebida perfecta para los brunch de invierno en cabañas de montaña cuando cinco pies de nieve cubren el suelo. Fuego ardiente, opcional

- 1 huevo

- 1 cucharadita de azucar

- 1 1/2 onzas de jerez

- 1/2 onza de crema (opcional)

- 1/4 onza de crema de cacao ligera (opcional)

Llene la coctelera con hielo.

Agregue huevo, azúcar, jerez e ingredientes opcionales, si lo desea.

Agitar.

Colar en una copa de cóctel.

PÁJARO DEL PARAÍSO FIZZ

Esta ave del paraíso te hará volar.

- 1 1/2 onzas de ginebra

- 1/2 onza de jugo de limón

- 1/2 onza de brandy de moras
- 1/2 onza de jarabe de azúcar
- 1 clara de huevo

- 4 onzas de agua mineral con gas

Llene la coctelera con hielo.

Agregue la ginebra, el jugo de limón, el brandy de moras, el jarabe de azúcar y la clara de huevo.

Agitar.

Colar en un vaso alto.

Rellene con agua mineral con gas y hielo.

MIMOSA FRESA ESPUMOSA

No se atreva a servirlos sin una gran cantidad de tostadas francesas cubiertas con mantequilla de miel batida

- 2 onzas de jugo de naranja

- 2 onzas de fresas

- 1/2 onza de sirope de fresa 4 onzas de champán

Mezcle el jugo de naranja, las fresas y el almíbar de fresa en una licuadora hasta que quede suave.

Vierta en una copa de cóctel.

Cubra con champán.

Adorne con una fresa y una rodaja de naranja.

DESAYUNO MARTINI

La bebida de desayuno preferida del gran apostador antes de regresar a la mesa.

- 1 1/2 onzas de ginebra

- 3/4 onza de jugo de limón

- 3/4 onza de Cointreau

- 1 cucharadita de mermelada light

Llene la coctelera con hielo.

Agregue ginebra, jugo de limón, Cointreau y mar-malade ligero.

Agitar.

Colar en una copa de martini fría.

AZUL CHAMPÁN

Tengo el blues del champán ... No me queda nada que perder ... Necesito un poco más de alcohol.

- 1/5 curacao azul

- 8 onzas de jugo de limón

- 4/5 champán seco

- Cáscara de dos limones

Enfríe todos los ingredientes.

Vierta el curacao y el jugo de limón en una ponchera (sin hielo).

Revolver.

Agrega champán.

Revuelva suavemente.

Coloca las cáscaras de limón en el tazón.

(Para 25 porciones)

CHAMPÁN DU MARCO

Perfecto para el segundo matrimonio decadente

- 1 onza de helado de vainilla

- 2 pizcas de licor marrasquino

- 4 pizcas de curacao de naranja

- 2 pizcas de coñac

- champán

Vierta los ingredientes en una copa de champán fría y profunda.

Rellenar con champagne.

Adorne con frutas de temporada.

CHAMPÁN FLIP

La madre de la novia bebe esto mientras la novia se viste. La madre del novio toma dos.

- 1 yema de huevo

- 1/2 cucharadita de azucar

- 3 onzas de champán

- 1/4 de onza de brandy

Llene la coctelera con hielo.

Agrega la yema de huevo, el azúcar y el champán.

Agitar.

Colar en una copa de cóctel.

Coloca brandy encima.

SANGRIA ESPECIALE

Cuando la sangría normal simplemente no sirve.

- 2/5 vino tinto

- 1/5 de champán

- 4 onzas de ginebra

- 4 onzas de coñac

- Azúcar al gusto

- Jugo de 2 naranjas

- Jugo de 2 limones

Vierta los ingredientes en una ponchera.

Revolver.

Agrega hielo.

Adorne con rodajas de naranja y limón. (Para 12 a 15 porciones)

PONCHE DE UVA BLANCA, MANDARINA Y VINO ESPUMOSO

¿Los invitados esperan el mismo ponche de champán de siempre? De ninguna manera.

Zig y haz que sigan adivinando.

- 48 onzas de jugo de uva blanca sin azúcar

- 6 onzas de concentrado de jugo de mandarina congelado, descongelado

- 8 onzas de agua mineral con gas

- 3 onzas de brandy

- 2 onzas de jugo de limón

- 1/5 de vino espumoso dulce

- Rodajas finas de mandarina

Vierta los ingredientes en una ponchera sobre un bloque de hielo.

Revolver.

Cubra el tazón de ponche y refrigere hasta que esté frío.

Agregue vino espumoso antes de servir.

Flotar rodajas de mandarina.

(Sirve de 15 a 20)

CHAMPAGNE SORBETE PUNCH

El puñetazo que ha lanzado mil nupcias.

- 24 onzas de jugo de piña frío

- 2 onzas de jugo de limón

- 1 cuarto de sorbete de piña

- 1/5 de champán frío

Vierta los jugos en una ponchera.

Agregue el sorbete justo antes de servir.

Agrega champán.

Revolver.

(Para 20 porciones)

PUNZÓN CHAMPÁN

Dale la bienvenida al bebé al año nuevo con esta bebida burbujeante.

- Jugo de 12 limones

- Azúcar en polvo

- 8 onzas de licor marrasquino

- 8 onzas de triple sec

- 16 onzas de brandy

- 2/5 de champán frío

- 16 onzas de agua mineral con gas

- 16 onzas de té fuerte, opcional

Agregue suficiente azúcar en polvo para endulzar el jugo de limón en un tazón pequeño.

Vierta la mezcla en una ponchera sobre hielo.

Revolver.

Agregue licor de marrasquino, triple sec, brandy, champagne, club soda y té fuerte, si lo desea.

Revolver.

Decora con frutas de temporada.

(Para 20 a 25 porciones)

PONCHE DE BACCIO

Este brebaje despreocupado hará que los dioses se inclinen ante ti.

- 16 onzas de champán
- 16 onzas de jugo de toronja
- 16 onzas de ginebra seca
- 4 onzas de anís
- Azúcar al gusto
- 16 onzas de agua mineral

Vierta los ingredientes en una ponchera.

Revuelva bien.

Rodee el tazón con cubitos de hielo.

Decora con frutas.

Sirva en copas.

Adorne con varias uvas. (Para 8 porciones)

ORO CALIENTE

Ahora sabemos qué mantuvo a los 49ers durante la fiebre del oro.

- 6 onzas de jugo de naranja tibio

- 3 onzas de amaretto

Vierta el jugo de naranja en una taza grande.

Agrega amaretto.

Revuelva con una rama de canela.

ENFRIADOR DE CAFÉ

Éste no está en el menú de Starbucks. Pero puede estar en el tuyo.

- 1 1/2 onzas de vodka

- 1 onza de crema

- 1 onza de licor de café

- 1 cucharadita de azucar

- 4 onzas de café negro frío

- 1 cucharada pequeña de helado de café

Llene la coctelera con hielo.

Agregue vodka, crema, licor de café, azúcar, café y helado de café.

Agitar.

Colar en un vaso alto.

HIGHBALL DE BULLDOG

¡Arf! No es necesario guardarlos para cuando esté poniendo al perro.

- 1 1/4 onzas de jugo de naranja

- 2 onzas de ginebra

- Refresco de gengibre

Prepare el jugo de naranja y la ginebra en un vaso alto con hielo.

Rellena con ginger ale.

JENGIBRE FIZZ

Tienes que pensar que la estrella de Gilligan's Island estaba deseando uno de estos después de su primera semana en la isla.

- 1 onza de jugo de limón

- 1 cucharadita de azucar

- 1 1/2 onzas de ginebra

- Refresco de gengibre

Llene la coctelera con hielo.

Agregue jugo de limón, azúcar y ginebra.

Agitar.

Colar en un vaso alto con hielo.

Rellena con ginger ale.

MAÑANA FIZZ

Para la nena rockera que solo necesita un poco de ayuda de gloria de la mañana de la botella.

- 2 onzas de whisky mezclado
- 1/2 clara de huevo
- 1/2 onza de jugo de limón
- 1 cucharadita de azucar
- 1/2 cucharadita de Pernod
- Gaseosa fría

Llene la coctelera con hielo.

Agregue whisky, clara de huevo, jugo de limón, azúcar y Pernod.

Agitar.

Colar en un vaso alto.

Agrega un chorrito de refresco

Llena el vaso con hielo.

Revolver.

ENFRIADOR ROBERT E. LEE

En términos generales, nunca se debe renunciar a esta bebida. Siéntete libre de volver a subir y mezclar otro.

- 1/2 cucharadita de azucar

- 2 onzas de agua mineral con gas

- 3/4 onza de jugo de lima

- 1/4 onza de pastis

- 1 1/2 onzas de ginebra

- Refresco de gengibre

Disuelva el azúcar en agua mineral con gas en un vaso Collins.

Agrega hielo.

Prepare jugo de lima, pastis y ginebra.

Rellena con ginger ale.

Adorne con espirales de limón y naranja.

OASIS NARANJA

Aquí no hay espejismo, viajero sediento. Entra, pero deja el camello afuera.

- 1 1/2 onzas de ginebra

- 1/2 onza de licor de cereza

- 4 onzas de jugo de naranja

- Refresco de gengibre

Prepare ginebra, licor de cereza y jugo de naranja en un vaso Collins con hielo.

Rellena con ginger ale.

Aderezar con un gajo de naranja.

1

SPARKLE DE FRESA

Una pizca de alegría rosa para las ocasiones más desenfadadas

- 1 taza de fresas frescas en rodajas

- 2 onzas de jugo de fruta concentrado de daiquiri de fresa congelado, descongelado

- 6 onzas de champán frío

- 4 onzas de agua con gas fría con sabor a limón

Pon las fresas frescas en una licuadora.

Mezclar hasta que esté suave.

Vierta el puré de fresa en una jarra de vidrio.

Agregue jugo concentrado.

Revuelva bien.

Cubra y refrigere.

Antes de servir, agregue el champán y el agua con gas.

Vierta en copas de champán heladas.

Adorne con fresas frescas, si lo desea.

Fresa-CRANBERRY FROST

Así es como Jack Frost te atrae para que pueda morderte la nariz.

- 2 onzas de vodka

- 4 onzas de fresas congeladas en rodajas, en almíbar, parcialmente descongeladas

- 4 onzas de cóctel de jugo de arándano

- 3 onzas de hielo

Vierta vodka, fresas congeladas, jugo de arándano y hielo en una licuadora.

Mezclar hasta que esté suave.

Vierta en una copa grande.

Adorne con una fresa entera y una ramita de menta.

AMORÍO

Definitivamente para recordar.

- 2 onzas de licor de fresa

- 2 onzas de jugo de arándano

- 2 onzas de jugo de naranja

- Refresco de club (opcional)

Vierta aguardiente, jugo de arándano y jugo de naranja en un vaso alto con hielo.

Revolver.

Cubra con agua mineral con gas, si lo desea.

JULEP DE MENTA CONGELADA

Los sofocantes días de verano requieren uno de estos. Que sean dos.

- 2 onzas de bourbon

- 1 onza de jugo de limón

- 1 onza de jarabe de azúcar

- 6 hojas de menta

- 6 onzas de hielo picado

Tritura el bourbon, el jugo de limón, el jarabe de azúcar y las hojas de menta en un vaso.

Vierta la mezcla y el hielo en una licuadora.

Licue a alta velocidad durante 15 o 20 segundos.

Vierta en un vaso alto frío.

Adorne con una ramita de menta.

LAKE BREEZE

Mientras los niños están recolectando leña para la fogata, tome algunas de estas.

- 4 onzas de jugo de arándano

- 2 onzas de jugo de piña

- 1 cucharadita de licor de coco de refresco de lima-limón

Llene la coctelera con hielo.

Agregue jugos, licor y refrescos.

Agitar.

Colar en un vaso Collins con hielo.

Llenar con soda.

FANCY FIX

La dosis que tanto necesitan aquellos a los que les gusta lo elegante.

- Jugo de 1/2 limón o lima

- 1 cucharadita de azúcar en polvo

- 1 cucharadita de agua

- 2 1/2 onzas de champán

Exprima jugo de limón o lima en un vaso Collins.

Agrega azúcar y agua.

Revolver.

Llena el vaso con hielo picado.

Agrega champán.

Revuelva bien.

Adorne con una rodaja de limón y una pajita.

COPA DE PIMM

A los London Lucys les encanta esta bebida clásica de la clase alta británica. Perfecto para un día en Wimbledon, Ascot o la Henley Royal Regatta.

- 2 partes de limonada o cerveza de jengibre (a elección del barman)

- 1 parte de Pimms No.1

- Rodaja de naranja empapada en vodka; pepino; limón; manzana; una fresa

Vierta limonada en un vaso alto con hielo. (Use una jarra si prepara más de una bebida).

Agregue la Copa Pimm's No. 1.

Agregue fruta empapada en vodka.

Adorne con una ramita de menta.

MANGO BATIDA

Una hielera sudamericana que refresca al trotamundos más cansado.

- 1 onza de jugo de naranja

- 2 1/4 onzas de jugo de mango

- 1 1/2 onzas de cachaca

Vierta los jugos y la cachaca en una coctelera.

Agitar.

Vierta en un vaso alto con hielo picado.

Revolver.

Lightning Source UK Ltd.
Milton Keynes UK
UKHW021334290421
382828UK00005B/25